おいしくて楽しい。ごきげんな食養生

エキゾチック薬膳

松島由恵

家の光協会

はじめに

おいしいものやお酒が大好きで、長年勤務した会社を退職して料理の世界へ飛び込んだくらい、わたしはとにかく食べること、飲むことが大好きです。

30代のころは好きなものを食べて飲んでいても、すこぶる元気でした。ところが長女を出産して40代になると、「夏でも足先が冷たい」「むくみが取れにくくなってきた」「大事な仕事がある前日は眠れない」「月経前のイライラがひどくなってきた」などなど、体調面でもメンタル面でも〝病気ではないけれどちょっと不調〟というのが常態化。

「これはなんとかしないとマズイ」と思うものの、わたしはお酒が大好きだし、おいしいものを諦めたくない性分です。ストイックに断酒したり、〝ザ・健康〟という趣の、滋味深そうな食べ物だけを食べ続けるのもツライ……。こんな自分でも、食事で無理なく体調を整える術はないものか？と悩んだ末にたどり着いたのが、薬膳でした。

まず心惹かれたのは、**「おいしくなければ薬膳ではない」**という考え方。人は「おいしそう！」と思ったらすでに「ちょっと元気」になっているんだそうです。それは「気」（詳しくは94ページ参照）が動くから。

また、中医学・薬膳には「未病先防」という考え方があります。これは文字どおり、「病気になる前に防ぐ」ということで、ちょっとした体の変調に対処していけば大きな病気が避けられる、というもの。

つまり、おいしく食べることで健康になれる——。「お酒大好きな食いしん坊」のわたしにぴったりだったのです。こうして薬膳を学んだおかげで、「飲みすぎたから小豆を食べておこう」「イライラするからセロリのサラダにしよう」と、**ちょっとした不調なら自分で対処できる**ようになりました。

この本では、こんなわたしがふだんから食べている薬膳ごはんをご紹介します。**どこでも手に入る食材で簡単に作れるものばかりですが、スパイスやハーブを使ったり、酸味をきかせたりと、自分なりにおいしい！と思える工夫をしています。**中華やタイやベトナムなどのアジア料理があったかと思えば、フレンチやイタリアン、はたまた中東風まで、いろいろなテイストの料理があります。名づけて「エキゾチック薬膳」。**薬膳ってこんなに自由なんだ、**と感じてもらえたらうれしいです。

症状別に紹介していますので、気になる症状がある方はその症状に合った料理をどうぞ。お弁当にする際のアイディアも、ぜひ参考にしてください。とはいえ、基本的にはいつ食べてもだいじょうぶなものばかりなので、症状がないとき、元気なときは、食べたいと思うものを自由に作ってみてください。

おいしくて楽しい。それがわたしの考える薬膳です。末長く、お酒や食べ物、ひいては人生を楽しみたい、という方に手に取っていただき、気軽に実践していただけたら、なによりです。

松島由恵

目次

疲れ

肌荒れ

冷え性

便秘

むくみ

女性の悩み

イライラ

不眠

老化

◎本書の使い方

・小さじ1＝5mℓ、大さじ1＝15mℓ、1カップ＝200mℓ、1合＝180mℓです。
・砂糖はきび砂糖、しょうゆは濃口しょうゆ、バターは有塩バターを使用しています。
・電子レンジは出力500Wのものを使用しています。600Wの場合は0.8倍の加熱時間を目安にしてください。機種によって多少異なる場合もあるので、様子をみながら調整してください。
・野菜はとくに記載がなくても「洗う」「ヘタを取る」「皮をむく」などの下ごしらえをしてから調理してください。

疲れ

なんだか元気がない、やる気が出ない、体がだるいなど、理由もなく疲れを感じていることはありませんか？　これは薬膳でいうと「気」（94ページ）が不足している状態です。「気」とは、簡単にいうと生きるために必要なエネルギーのようなもので、これが全身に行き渡っているのが健康な状態です。

ですから、疲れているときは、気を補う食材を積極的に食べましょう。さらに血（94ページ）を補う食材で栄養を行き渡らせる力をつけるのもおすすめ。また、胃腸が弱っていると消化不良や食欲不振を引き起こし、元気もなくなってしまいます。疲れて食欲がないときは、胃腸を元気にする食材を組み合わせるとよいでしょう。

また、刺し身や生野菜といった生ものは胃に負担がかかるので疲れているときはＮＧ。加熱調理がおすすめです。脂っぽいものや辛いものなどの刺激物や、体を冷やす食材（95ページ）もなるべく避けましょう。

気を補う食材

鶏肉、牛肉、豚肉、たら、まぐろ、さけ、いわし、えび、たこ、アボカド、まいたけ、しいたけ、大豆、ぶどうなど

血を補う食材

レバー、牛肉、かつお、まぐろ、さば、さけ、ぶどう、プルーン、きくらげ、しめじ、ひじき、にんじん、ほうれん草、パセリなど

胃腸を元気にする食材

たい、にんにく、にんじん、カリフラワー、ブロッコリー、キャベツ、白菜、さつまいも、りんご、黒米など

鶏肉とマッシュルームのスパイス煮

胃腸をいたわる食材を使った、
食欲がないタイプの疲れにおすすめの一品。
蒸し煮で素材のうまみを引き出し、
消化を促進するコリアンダーでエスニック風味に。

材料　2～3人分

鶏もも肉 …… 250g（1枚）
マッシュルーム …… 180g
玉ねぎ …… 1個
にんにく …… 1片
塩 …… 小さじ1/2
A｜レモン汁 …… 大さじ1
 ｜ナンプラー …… 大さじ1/2
 ｜コリアンダーパウダー …… 小さじ1/2
植物油 …… 大さじ1
チリペッパー（好みで） …… 少々

作り方

1. 鶏肉は余分な筋や脂肪を取り除き、大きめの一口大に切る。マッシュルームは5～6mm厚さに切り、玉ねぎはくし形切り、にんにくはみじん切りにする。
2. フライパンに植物油をひき、にんにくを入れて弱火にかける。香りが立ってきたら皮目を下にして鶏肉を加え、中火で軽く焼き色をつけたら、玉ねぎ、マッシュルーム、塩を加えて炒める。
3. 全体に油が回ったら水大さじ2を加え、ふたをして弱火で4～5分蒸し煮にする。
4. *A*を加えて軽く混ぜ、中火でからめるように煮る。 器に盛り、好みでチリペッパーをふる。

食材 *MEMO*

鶏肉は‘気’を補う代表的な食材で、胃腸にもやさしい。マッシュルームは消化器を健康にする働きがあり、食欲増進に。

9 疲れ

牛肉の黒酢野菜炒め

元気を補給する食材を集めた、
とにかくお疲れのときに食べたい具だくさんの炒めもの。
‘血’の巡りをよくする黒酢でさっぱりといただきます。

材料　2～3人分

牛切り落とし肉 …… 200g
玉ねぎ …… 1個
パプリカ(赤) …… 1個
スナップエンドウ …… 10本
にんにく …… 1片
しょうが …… 1片
砂糖、塩 …… 各小さじ1
A 黒酢 …… 大さじ2
　紹興酒(または酒) …… 大さじ1
　しょうゆ …… 小さじ1/2
ごま油 …… 大さじ1

作り方

1 牛肉は大きければ一口大に切る。玉ねぎはくし形切り、パプリカは一口大に切り、にんにく、しょうがはみじん切りにする。

2 スナップエンドウは筋を取り、沸騰した湯で2分ほどゆで、冷水にさらして水気をきる。

3 フライパンにごま油をひき、にんにく、しょうがを入れて弱火にかけ、香りが立ってきたら牛肉を加え、中火で色が変わるまで炒める。玉ねぎ、パプリカを加えて炒め、砂糖、塩を加えて混ぜる。

4 火が通ったら、混ぜたAを加えてからめ、スナップエンドウを加えて混ぜる。

食材 *MEMO*

牛肉は‘気’と‘血’を補う。スナップエンドウは気を補い、胃腸の調子を整える。玉ねぎは‘気’の巡りをよくし、消化を促進する。

たらとほうれん草のポタージュ

たらとほうれん草はエネルギーや‘血’を補い、
牛乳は虚弱を改善します。
うまみが凝縮したやさしい味わいのスープです。

材料　2～3人分

生だら …… 2切れ
ほうれん草
　…… 4～5束（約100g）
にんにく …… 1/2片
牛乳 …… 300ml
塩 …… 小さじ1/4
黒こしょう（好みで）…… 少々
バター …… 10g

作り方

1. たらは塩小さじ1/2（分量外）をふり、10分ほどおく。水気をふき、骨をはずして一口大に切る。ほうれん草はざく切りにし、にんにくはつぶす。
2. 深めの鍋にバターを入れて弱火で溶かし、にんにくを炒め、香りが立ってきたら、たらを加えて中火で焼く。
3. 火が通ったら、ほうれん草を加えて炒め、牛乳、塩を加えて弱火にする。
4. 縁がふつふつしてきたら（沸騰させない）、火を止めてブレンダーなどで攪拌する。器に盛り、好みで黒こしょうをふる。

たことなめこのマーマレードマリネ

たことなめこで疲れた体にエネルギーをチャージ。
ディルと柑橘のさわやかな香りで
気分もリフレッシュします。

材料　2人分

ゆでだこ …… 100g
なめこ …… 100g
ディル …… 2本

A
- マーマレード …… 小さじ2
- レモン汁 …… 小さじ1/2
- オリーブオイル …… 小さじ1
- しょうが(すりおろし) …… 小さじ1/4
- 塩 …… 少々

作り方

1. ゆでだこは一口大に切る。なめこは洗って沸騰した湯で1分ほどゆで、ざるに上げて水気をきる。
2. ボウルに*A*を入れて混ぜ、*1*を加えてあえる。
3. 器に盛り、ディルの葉を散らす。

かぼちゃとレーズンのサラダ

胃腸を元気にするかぼちゃ、‘気’と‘血’を補うレーズンをサラダに。

材料　作りやすい分量

かぼちゃ …… 1/4個(約400g)
レーズン …… 大さじ3
A マヨネーズ …… 大さじ1/2
　プレーンヨーグルト(無糖) …… 大さじ1 1/2
　塩 …… 少々
　クミンパウダー …… 少々
白いりごま(あれば) …… 適量

作り方

1 かぼちゃは種とワタを取り、皮をむいて一口大に切る。耐熱容器に入れ、ラップをかけて電子レンジで7～8分加熱する。
2 1をマッシャーなどでつぶしてAと混ぜ合わせ、レーズンを加えてさらに混ぜる。あれば白ごまをふる。

常備菜
保存
冷蔵で4～5日

まいたけと大豆のフムス

‘気’を補うまいたけと大豆のディップ。パンや野菜などにつけてもおいしい。

材料　作りやすい分量

まいたけ …… 100g
大豆(水煮・水気をきる) …… 100g
にんにく …… 1片
塩 …… 小さじ1/4
A レモン汁 …… 大さじ1
　オリーブオイル …… 大さじ4
　塩 …… 小さじ1/4
オリーブオイル …… 大さじ1/2

作り方

1 まいたけは小房に分ける。オリーブオイルを熱したフライパンに入れ、中火で焼き色をつけ、塩を加えて炒める。バットなどに取り出し、粗熱を取る。
2 1と大豆、にんにく、Aをブレンダーなどでなめらかになるまで撹拌する。
＊大豆の粒感は少し残った状態でOK。

常備菜
保存
冷蔵で1週間

‘気’を補うしいたけをピリ辛ペーストに。スパイスは消化を促進し、食欲もアップ。

調味料

保存
冷蔵で3週間

しいたけハリッサ

材料　作りやすい分量

生しいたけ …… 8個(約100g)
コリアンダーシード …… 小さじ1
クミンシード …… 小さじ1
パプリカパウダー …… 小さじ1
赤唐辛子(種を取る) …… 1本
塩 …… 小さじ1/2
にんにく …… 1片
オリーブオイル …… 大さじ4

作り方

1 しいたけは石づきを取って4等分に切り、フライパンで中～強火で焼いて水分を飛ばす（油はひかない）。

2 *1*の粗熱が取れたら、すべての材料を容器などに入れ、ブレンダーなどで混ぜ合わせる。

オリーブオイルを熱したフライパンで半月切りにしたなす2本分を炒め、火が通ったら豚薄切り肉100gを加えて炒め、しいたけハリッサ小さじ2～大さじ1を加えて混ぜる。

＊焼いた厚揚げ、エリンギ、野菜、豆腐、ゆで卵などにのせたり、麺をあえたりしてもおいしい。

炒めものの味つけに

お弁当にするなら、
こんな組み合わせ

疲労回復編

鶏肉とマッシュルームのスパイス煮弁当

- **鶏肉とマッシュルームのスパイス煮（P.8）**
- **かぼちゃとレーズンのサラダ（P.14）**
- **にんじんのくるみあえ（下記）**
- **さけフレークご飯**

市販のさけフレークをご飯に混ぜる。

＊にんじんは胃腸を元気にし、くるみは疲労によい。さけは‘気’と‘血’を補う。

にんじんのくるみあえ

材料（作りやすい分量）と作り方

オリーブオイル小さじ2、塩、砂糖各少々、酢小さじ1を混ぜ、にんじんのせん切り1/2本分をあえ、粗く砕いたくるみ10gを混ぜる。

牛肉の黒酢野菜炒め弁当

- **牛肉の黒酢野菜炒め（P.10）**
- **ブロッコリーの梅あえ（下記）**
- **黒米ご飯**

＊ブロッコリーは胃腸にやさしく疲労によい。黒米は胃腸を元気にする。

ブロッコリーの梅あえ

材料（作りやすい分量）と作り方

梅干し1個は種を除いて包丁でたたき、みりん大さじ1を混ぜる。小房に分けたブロッコリー1個を沸騰した湯でゆで、水気をきって熱いうちに梅肉であえる。

肌荒れ

肌荒れといっても、肌の状態はさまざまです。

乾燥肌やシワ、ほうれい線が気になる方は、体内の水分が不足しています。潤いを与える食材を食べましょう。クマやくすみ、シミが気になる方は、血が滞っている状態が考えられるので、血（94ページ）の巡りをよくする食材を。ニキビや吹き出物が気になる方は、体内に余分な老廃物が溜まっている状態なので、解毒を促す食材でデトックスします。ただし、解毒作用があるものは体を冷やす食材が多いです。冷えによって血が滞ると、肌にも悪影響を与えるので、体を温める食材（95ページ）も組み合わせるとよいでしょう。

また、肌荒れの原因にもなるストレスを感じていたら気の巡りをよくする食材（27ページ）も併せてどうぞ。肌のたるみには胃腸を元気にする食材（47ページ）で張りを与えます。

どのタイプも、辛いものや脂っぽいものは控えめにしましょう。

潤いを与える食材

豚肉、かに、アスパラガス、エリンギ、いか、卵、松の実、アーモンド、白ごま、酒粕など

血の巡りをよくする食材

さんま、ししゃも、なす、赤玉ねぎ、モロヘイヤ、にら、酢、黒砂糖など

解毒を促す食材

小豆、セロリ、バジル、えのきたけ、豆苗、ごま油など

豚肉のハニーナッツソテー

松の実や白ごまの種実類と、
はちみつとレモンの甘酸っぱい味つけは、
体を潤す効果があります。
肌や髪の乾燥が気になる方におすすめ。

材料　2～3人分

豚ロース薄切り肉 …… 6～7枚(約200g)
レモンの薄切り(国産・無農薬) …… 6～7枚
A | 粒マスタード …… 大さじ1
　| はちみつ …… 大さじ1/2
　| 塩 …… 小さじ1/4
松の実 …… 小さじ2
白いりごま …… 小さじ1/2
オリーブオイル …… 大さじ1/2

作り方

1. フライパンにオリーブオイルを熱して豚肉を入れ、中火で表面の色が変わるまでさっと焼く。
2. レモン、*A*を加えてからめながら焼き、松の実、白ごまを加えてさっと混ぜる。

食材*MEMO*

豚肉、レモン、松の実、ごま、すべて体に潤いを与える。松の実は髪のパサつきにも。レモンの香りはストレスをやわらげ、豚肉は滋養強壮にもよい。

ししゃもと青梗菜のエスカベッシュ

カリッと揚げたししゃもを甘酢だれに漬けた、
お酒にも合うメニュー。
メイン食材に加え、黒砂糖や酢も血流をよくするので、
シミやくすみの改善にもってこいです。

材料　2〜3人分

ししゃも …… 8尾
青梗菜《チンゲンサイ》 …… 1株
玉ねぎ …… 1/4個
片栗粉 …… 大さじ1
揚げ油 …… 適量

A
黒砂糖 …… 小さじ4
酢 …… 大さじ4
しょうゆ …… 大さじ1
赤唐辛子 …… 1本
水 …… 200ml

作り方

1 青梗菜は根元を少し切り落とし、縦4等分に切る。沸騰した湯に塩小さじ1（材料外）を加え、根元側を30秒ほど浸してから全体を入れ、葉がしんなりするまでゆで、冷水にさらして水気を絞る。玉ねぎは薄切りにする。

2 鍋に*A*を入れて中火にかけ、沸騰したら火を止めて玉ねぎを加える。

3 ししゃもと片栗粉をポリ袋に入れ、口を閉じて軽くふり、全体に粉をまぶす。

4 フライパンに揚げ油を170℃に熱し、*3*を揚げ、火が通ったら*2*に入れる。

5 粗熱が取れたら*2*に青梗菜も加え、冷蔵庫で2時間ほど冷やして味をなじませる。

食材 *MEMO*

ししゃも、青梗菜は‘血’の巡りをよくし、健康的な肌に。青梗菜は同じアブラナ科の菜の花（くすみによい）に替えてもOK。

21 肌荒れ

小豆のデトックスサラダ

ニキビや吹き出物が気になる方へ。
解毒作用がある小豆、セロリ、菊花、バジルを
組み合わせた、香り高いサラダをどうぞ。

材料　2人分

小豆（水煮・水気をきる）
……100g
セロリ……1本
菊花……9～10個（50g）
バジル……12～13枚

A
- レモン汁……大さじ1/2
- オリーブオイル……大さじ1/2
- 塩……小さじ1/4

作り方

1. セロリは筋を取って茎を斜め薄切りにし、葉は細かく切る。
2. 菊花は花びらを摘み取り、沸騰した湯に酢少々（材料外）を加えてさっとゆでる。冷水にさらしてざるに上げ、軽く水気を絞る。
3. ボウルに1、2、小豆、Aを入れて混ぜ合わせ、最後にバジルをちぎって加える。

酒粕とさつまいもとりんごのスープ

酒粕は体の潤いを補い、さつまいもとりんごは消化を助けて肌に張りを与えます。

材料　2人分

酒粕 …… 50g
さつまいも …… 小1本(170g)
りんご …… 1個
牛乳 …… 200ml
くるみ …… 適量

作り方

1 りんごは皮をむいて7 ～ 8mm厚さのいちょう切りに、さつまいもは皮つきのままりんごより薄い輪切りにする。くるみはからいりして粗く刻む。

2 鍋にりんごを並べ、上にさつまいもをのせ、水大さじ3を加え、ふたをして弱火で15 ～ 20分蒸し煮にする。

3 ほぼ火が通ったら、酒粕をちぎって加え、牛乳を注いで軽く混ぜ、弱火で沸騰させないように3 ～ 4分煮る。

4 火を止め、ブレンダーなどでなめらかになるまで攪拌する。再び弱火で温め、器に盛ってくるみをのせる。

甘酸っぱいイタリアの煮込み。赤玉ねぎと酢で'血'の巡りをよくして美肌に。

赤玉ねぎのアグロドルチェ

材料　作りやすい分量

赤玉ねぎ …… 2個

A
- 砂糖 …… 小さじ3
- 塩 …… 小さじ1
- 赤ワインビネガー（または酢） …… 大さじ3

オリーブオイル …… 大さじ1

作り方

1 赤玉ねぎは芯を取り、1cm幅のくし形に切る。

2 鍋に*1*とオリーブオイルを入れて弱火にかけ、揺すりながら火を通し、*A*を加えて弱～中火で10～15分、汁気がなくなるまで煮る。

キャベツで胃腸を元気にして肌に張りを。紫色にはアントシアニンの美白効果も。

紫キャベツとひき肉のラープ風

材料　作りやすい分量

紫キャベツ …… 1/2個（300g）

豚ひき肉 …… 100g

玉ねぎ …… 1/4個

A
- ライム（またはレモン）の搾り汁 …… 1/2個分
- 砂糖 …… 小さじ1/4
- ナンプラー …… 小さじ1
- 赤唐辛子（種を取る） …… 1本

作り方

1 紫キャベツはせん切りにして塩小さじ1/2（材料外）をもみ込み、10分ほどおいて水気を絞る。玉ねぎは薄切りにする。

2 フライパンに水大さじ1 1/2を入れて火にかけ、沸いたら豚ひき肉を入れて中火でパラパラになるまで炒め、冷ます。

3 ボウルに*1*と*2*、*A*を入れてあえる。

＊時間がたって脂が固まるのを避けるため、ひき肉は油をひかずに水で炒める。

肌に潤いを与えるアーモンドと白ごまで、香ばしくて食感のよいみそだれに。

調味料
保存
冷蔵で3週間

アーモンドごまみそ

材料　作りやすい分量

アーモンド（無塩）…… 50g
白練りごま …… 100ml
みそ …… 大さじ2
みりん …… 大さじ1
しょうゆ …… 大さじ1/2

作り方

1 アーモンドはからいりする。
2 すべての材料を容器に入れ、ブレンダーなどでなめらかになるまで攪拌する。
＊アーモンドの粒感は少し残っていてOK。

あえものの味つけに

鶏ささみ200g（約3本）は筋を取って沸騰した湯に入れて火を止め、ふたをして10分おく。粗熱が取れたら手で裂く。一口大に切ったトマト1個分と合わせ、アーモンドごまみそ大さじ2弱であえる。
＊きゅうりなどの生野菜につけたり、そうめんをあえたりしてもおいしい（ごま油でのばし、好みで酢、ラー油を足す）。

\お弁当にするなら、/
\こんな組み合わせ/

美肌編

豚肉のハニーナッツソテー弁当

- 豚肉のハニーナッツソテー（P.18）
- アスパラガスの
  チーズドレッシング（下記）
- パン

＊アスパラガスとチーズは体を潤す。

アスパラガスのチーズドレッシング
材料（作りやすい分量）と作り方

グリーンアスパラガス5～6本は根元を切り落とし、ピーラーでかたい部分の皮をむき、長さを半分に切る。沸騰した湯に塩少々を加えて1分30秒ほどゆで、冷ます。粉チーズ、オリーブオイル各適量であえる。

ししゃもと青梗菜のエスカベッシュ弁当

- ししゃもと青梗菜の
  エスカベッシュ（P.20）
- 紫キャベツとひき肉の
  ラープ風（P.24）
- なすとザーサイの
  炒めもの（下記）
- ご飯

＊なす、ザーサイは
シミやくすみによい。

なすとザーサイの炒めもの
材料（作りやすい分量）と作り方

なす1本（80g）は約2cm角に切り、10分ほど水につけてアクを抜き、水気をふく。ごま油大さじ1/2を熱したフライパンで炒め、油が回ったら、刻んだ味つきザーサイ20gを加えてさっと炒める。黒砂糖、みそ各小さじ1/2、紹興酒小さじ1を混ぜて加え、からめる。

冷え性

薬膳の考えでは、体を温めるもの、冷やすもの、どちらでもないものに食材が分けられています（95ページ）。冷え性の方は、当然、冷やす食材は避け、温める食材を選びましょう。飲み物ならビールより焼酎やワイン、緑茶より紅茶がおすすめ。生ものは体を冷やすため、刺し身より煮魚、生野菜より蒸し野菜や焼き野菜、と覚えておきましょう。

冷えといってもいろいろなタイプがありますが、とくに手足が冷たくなってしまう方は、血流が悪くなっている状態が考えられます。血液や栄養を末端まで行き届かせるために、血の巡りをよくする食材、気の巡りをよくする食材を食べて循環させましょう。

一方、夏場でも長袖を着てしまうくらい全身が冷えている方は、エネルギーや血が足りていない状態です。気を補う食材、血を補う食材を積極的に食べるようにしてください。また、おなかが冷えていて下痢をしやすい方は、胃腸を温める食材で体の内側から温めることも大切です。

血の巡りをよくする食材

さんま、ししゃも、なす、赤玉ねぎ、モロヘイヤ、にら、酢、黒砂糖など

気の巡りをよくする食材

めかじき、バジル、ローリエ、オレガノ、セロリ、春菊、三つ葉、レモン、そばなど

気を補う食材

鶏肉、牛肉、豚肉、たら、まぐろ、さけ、いわし、えび、たこ、アボカド、まいたけ、しいたけ、大豆、ぶどうなど

血を補う食材

レバー、牛肉、かつお、まぐろ、さば、さけ、ぶどう、プルーン、きくらげ、しめじ、ひじき、にんじん、ほうれん草、パセリなど

胃腸を温める食材

さけ、かぶ、みょうが、しし唐辛子、黒こしょう、花椒など

えびとカリフラワーのクミン炒め

体力の衰えや胃腸の弱りも冷えの原因になります。
体を温める食材だけではなく、
胃腸を元気にしてスタミナをつける食材も使い、
スパイシーな炒めものにします。

材料　2～3人分

むきえび …… 200g
カリフラワー …… 1個（約500g）
クミンシード …… 小さじ1/2
紹興酒 …… 大さじ2
塩 …… 小さじ1/2
A | にんにく（すりおろし）…… 小さじ1/2
A | しょうが（すりおろし）…… 小さじ1/2
A | レモン汁 …… 大さじ1
ごま油 …… 大さじ1

作り方

1. えびは背ワタを取って塩水で洗い、水気をふく。カリフラワーは小房に分ける。
2. フライパンにごま油とクミンシードを入れて弱火にかけ、ふつふつと気泡が出て香りが立ってきたら、えびを加えて中火で炒める。
3. えびが赤くなったら、カリフラワーを加えて炒め、紹興酒、塩を加えてさっと混ぜ、ふたをして3～4分、中火で蒸し煮にする。
4. ふたをはずし、よく混ぜた*A*を回し入れ、からめながら水分を飛ばすように強火で炒める。

食材 *MEMO*

えびは体を温め、足腰の冷えにも効果的。カリフラワーは胃腸を元気にして疲労回復効果も。クミンは体を温め、冷えによる消化不良にもよい。

さけのソテー らっきょうタルタル

らっきょうの風味と食感を生かした
タルタルソースをかければ、
いつものさけの食べごたえがアップ!
どちらも体を芯から温める食材です。

材料　2人分+弁当1人分

生ざけ …… 3切れ

A
- らっきょうの甘酢漬け(細かく刻む) …… 60g
- 細ねぎ(小口切り) …… 4本分
- マヨネーズ …… 大さじ1 1/2
- 塩 …… 少さじ1/4
- レモン汁 …… 小さじ1

薄力粉 …… 適量

オリーブオイル …… 大さじ1

作り方

1 Aを混ぜ合わせ、らっきょうタルタルを作る。

2 さけの表面に塩小さじ3/4(分量外)をふり、10分ほどおいて水分をふく。両面に薄力粉をまぶし、余分な粉ははたいて落とす。

3 フライパンにオリーブオイルをひき、2の皮目を下にして入れ、中火で焼く。焼き色がついたら裏返し、さらに焼く。油が出てきたらペーパータオルでふく。

4 3を器に盛り、1をかける。

食材 *MEMO*

さけは胃腸を温め、‘気’や‘血’を補う。らっきょうは乾燥させたものが生薬(薤白《がいはく》)になるほど、温め効果が高い。

31 冷え性

しょうがはもちろん、かぶと細ねぎも温め食材。ポカポカになる和のスープ。

かぶのすり流し

材料　2人分

かぶ …… 2個（約160g）
しょうが …… 1/2片
だし汁 …… 300ml
塩 …… 小さじ1/2
細ねぎ（小口切り） …… 少々

作り方

1　かぶは皮をむいてくし形切りにし、しょうがは薄切りにする。

2　鍋にだし汁、塩、*1*を入れて中火にかけ、沸騰したら弱火にし、かぶに竹串がスッと通るくらいになるまで煮る。

3　ブレンダーなどで*2*をなめらかになるまで攪拌し、器に盛り、細ねぎを散らす。

シナモン、クローブ、黒砂糖は体を温めて血流を改善。甘くスパイシーなミルク。

黒糖スパイスミルク

材料　2人分

牛乳 …… 300ml
シナモンスティック …… 1本
クローブ（ホール） …… 6個
黒砂糖 …… 小さじ2

作り方

1　小鍋に牛乳、シナモン、クローブを入れ、弱火にかける。

2　ふつふつとしてきたら（沸騰させない）、黒砂糖を加え、混ぜて溶かす。

＊好みで紅茶を加えるとチャイ風に。

鶏ささみとみょうがのあえもの

鶏肉とみょうがは胃腸まわりを温めます。
ザーサイは冷えにもよいうえ、
あえるだけで味が決まり、食感も◎。

材料　作りやすい分量

鶏ささみ …… 300g
みょうが …… 1個
味つきザーサイ(粗みじん切り)
　…… 大さじ1

A
香菜(みじん切り) …… 2株分
ごま油 …… 大さじ1
にんにく(すりおろし)
　…… 小さじ1/4

作り方

1 鶏ささみは筋を取り、沸騰した湯に入れてふたをし、火を止めて10分ほどおく。粗熱が取れたら手で裂く。

2 みょうがはせん切りにする。*A*を混ぜ合わせる。

3 *1*とみょうが、ザーサイを合わせ、*A*であえる。

常備菜

保存
冷蔵で4~5日

常備菜

保存
冷蔵で2週間

まぐろのしょうがオイル煮

全身の冷えにおすすめの自家製ツナ。
まぐろでエネルギーと‘血’を補い、
しょうがと山椒で体を温めます。

材料　作りやすい分量

まぐろの刺し身(切り落とし)
　…… 200g
しょうが(せん切り) …… 1片分
山椒の実(または粉山椒)
　…… 小さじ1/2
オリーブオイル …… 適量

作り方

1　まぐろに塩小さじ1/2（材料外）をまぶして10分ほどおき、水分をふく。
2　小鍋に1、しょうが、山椒の実を入れ、オリーブオイルをまぐろが半分つかる程度に注ぎ入れ、ごく弱火にかける。
3　縁がふつふつとしたら、ときどき返しながら4～5分煮る。粗熱を取り、保存容器に移す。

にら、くるみ、にんにくと温め食材を集めました。パンチのきいたピリ辛だれ。

調味料

保存
冷蔵で3週間

にらくるみペースト

材料　作りやすい分量

にら …… 1/2束（約60g）
くるみ …… 20g
赤唐辛子（種を取る）…… 1本
にんにく …… 1片
ごま油 …… 大さじ4
塩 …… 小さじ1/4

作り方

1. にらはざく切りにし、くるみはからいりする。
2. すべての材料を容器に入れ、ブレンダーなどでなめらかになるまで撹拌する。

刺し身につけて

たいなど、白身の刺し身に、にらくるみペーストを適量つけていただく。

＊冷ややっこや、じゃがいもなどの野菜、豚肉のソテーにも合う。パスタやそうめんをあえてジェノベーゼ風にしてもおいしい（塩分は好みで調整する）。

お弁当にするなら、
こんな組み合わせ

冷え取り編

えびとカリフラワーのクミン炒め弁当

◉えびとカリフラワーのクミン炒め（P.28）
◉鶏ささみとみょうがのあえもの（P.33）
◉ゆで卵
◉ご飯

＊ゆで卵（卵）は体に潤いを与える。

さけのソテー らっきょうタルタル弁当

◉さけのソテー
　らっきょうタルタル（P.30）
◉エリンギのしそ巻き（下記）
◉黒豆ご飯（下記）

＊温め食材が多いと体が乾燥するので、
体を潤すエリンギや黒豆でバランスを取る。

エリンギのしそ巻き

材料（作りやすい分量）と作り方

エリンギ2～3本は縦3等分に切り、青じそ6～9枚を巻く（エリンギ1切れに対して1枚）。ごま油小さじ1を熱したフライパンで閉じ目を下にして焼く。しょうゆ小さじ1/2を加え、裏返して青じそがはがれないようにさらに焼く。

黒豆ご飯

材料（作りやすい分量）と作り方

黒豆1/2合、白米2合を洗い、一緒に一晩浸水させ、戻し汁は取っておく。炊飯器に白米、黒豆を入れ、戻し汁を2.5合の目盛りまで入れる（足りなければ水を足す）。塩小さじ1を加えて軽く混ぜて炊く。蒸らしたら、酒大さじ1を回しかけ、切るように混ぜる。

＊黒豆を浸した水を使い、アントシアニンを逃がさない。
最後に酒を加えると風味がよくなり、冷めてもおいしい。

便秘

便秘の症状には個人差がありますが、まずは通便作用のある食材をとることが大切です。そのうえで、ここでは便秘の4つのタイプを紹介します。どれが自分に近いのか、チェックしてみましょう。

①便意はあるのに便が出ない方は、ストレスや運動不足によりエネルギーが滞っていることが考えられます。気の巡りをよくする食材（27ページ）がおすすめです。

②そもそも便意がない方は、体力が低下していることが多いです。気を補う食材、血を補う食材（いずれも7ページ）で体力と気力をつけましょう。

③便がかたくて排便が困難な方は、お酒や辛いもののとりすぎなど、不摂生が原因かもしれません。体に熱がこもって腸が乾燥している状態なので、余分な熱を冷ます食材や腸を潤す食材でお通じをよくします。

④便が少ししか出ない、出にくいという方は、おなかや手足の冷えが原因かもしれません。胃腸を温める食材で、根本的な冷えを改善しましょう。

通便作用のある食材

ごぼう、しめじ、アボカド、落花生、くるみ、黒ごま、はちみつなど

余分な熱を冷ます食材

白菜、たけのこ、ズッキーニ、ごぼう、クレソン、レタス、豆腐、わかめなど

腸を潤す食材

松の実、牛乳、ヨーグルト、ココナッツオイルなど

胃腸を温める食材

さけ、かぶ、みょうが、しし唐辛子、黒こしょう、花椒など

かぶとしめじのココナッツオイルソテー

冷えや疲れが原因の便秘に。
体を温め、エネルギーを補う食材を組み合わせました。
ココナッツの甘い香りとスパイスの風味が食欲をそそります。

材料　2〜3人分

かぶ …… 2個(約160g)
しめじ …… 100g
玉ねぎ …… 1個
塩 …… 小さじ1/2
A ターメリック …… 小さじ1/2
　にんにく(すりおろし) …… 小さじ1/2
　しょうが(すりおろし) …… 小さじ1/2
　レモン汁 …… 小さじ1
ココナッツオイル …… 大さじ1

作り方

1 かぶは茎を1cmほど残して切り落とし、皮をむいて8等分に切る。しめじは石づきを取り、小房に分ける。玉ねぎはくし形切りにする。

2 フライパンにココナッツオイルをひき、かぶを入れて中火で焼き色をつけたら、弱火にして竹串がスッと通るくらいになるまで火を通す。

3 玉ねぎ、しめじを加えて中火で炒め合わせ、しんなりしたら塩を加えて混ぜる。

4 火が通ったら、混ぜた*A*を加え、からめるようにさっと炒める。

食材 *MEMO*

かぶは体を温め、胃腸の調子を整える。しめじは‘気’と‘血’を補い、便通をよくする。ココナッツオイルは‘気’を補い、腸を潤す。

たけのことズッキーニのみそ炒め

不摂生やストレスが原因の便秘に。
体の熱を取って腸を潤す食材を使った炒めものです。
みそとオイスターソースのコクで、
野菜だけでも大満足。

材料　2～3人分

たけのこ（水煮）…… 200g
ズッキーニ …… 1本
A　みそ …… 小さじ2
　　みりん …… 小さじ2
　　酢 …… 小さじ2
　　オイスターソース …… 小さじ1
ごま油 …… 大さじ1

作り方

1 たけのこ、ズッキーニは3～4mm厚さの短冊切りにする。
2 フライパンにごま油を熱し、たけのこを並べ入れ、中火で両面に焼き色がつくまで焼く。
3 ズッキーニを加えて炒め、火が通ったら、混ぜたAを加えてからめる。

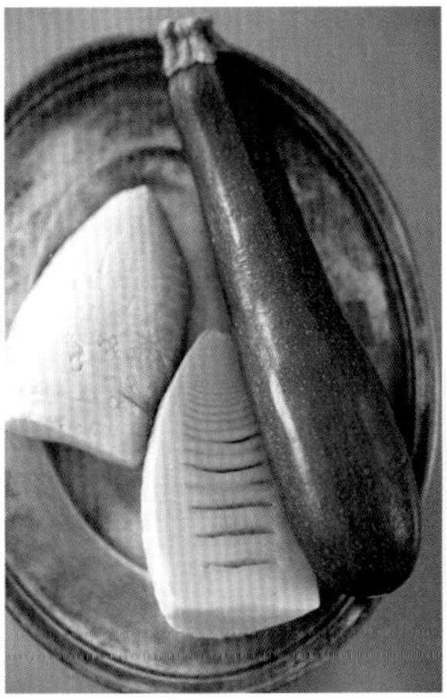

食材 *MEMO*

たけのこは体内の余分な熱を取って腸を潤すので便通によい。ズッキーニも同じく体の熱を取る働きがある。

白菜とアボカドのレモンサラダ

白菜で余分な熱を取って潤いを与え、
アボカドで便を押し出すエネルギーを補います。
レモンの香りがさわやかな一皿。

材料　2人分

白菜 …… 1/4個
アボカド …… 1個
レモン汁 …… 小さじ2
塩 …… 小さじ1/2
A ごま油 …… 大さじ1
にんにく（すりおろし） …… 小さじ1/4
しょうゆ …… 少さじ1/2

作り方

1 白菜はざく切りにし、塩をふってもみ、10分ほどおいて水気を絞る。
2 アボカドは一口大に切り、レモン汁をまぶす。
3 ボウルに*1*、*A*を入れてあえ、*2*を加えてさっくりと混ぜる。
＊アボカドは形が崩れないように最後に加える。

ごぼうのポタージュ

便がかたくて出にくい方は、
通便作用の高いごぼう、腸に潤いを与える牛乳を。
風味のよいスープにしてたっぷり食べましょう。

材料　2人分

ごぼう …… 1本(約160g)
玉ねぎ …… 1/4個
バター …… 10g
塩 …… 少々
牛乳 …… 200ml

作り方

1 ごぼうはささがきにし、酢水（分量外）にさらしてアク抜きをし、水気をきる。玉ねぎは薄切りにする。

2 フライパンにバターを溶かし、*1*を中火でしんなりするまで炒め、塩を加える。

3 火を止めて牛乳を加え、ミキサーやブレンダーなどでなめらかになるまで攪拌する。再び弱火にかけて温める（沸騰させないように注意する）。

余分なものを排出するえのき、腸に潤いを与える黒ごまを合わせ、エスニック風に。

えのきの黒ごまあえ

常備菜

保存
冷蔵で4~5日

材料　作りやすい分量

えのきたけ …… 1袋(200g)
黒すりごま …… 大さじ1/2

A
- ごま油 …… 小さじ1
- ナンプラー …… 小さじ1/4
- レモン汁 …… 小さじ1/2
- 塩 …… 少々

作り方

1 えのきたけは石づきを取り、食べやすい長さに切ってほぐす。

2 沸騰した湯で1を1分弱ゆで、ざるに上げて水気をきる。

3 2が温かいうちにボウルに入れ、A、黒すりごまを加えてあえる。

＊温かいうちにあえると、ごまがしんなりしてなじみがよい。

体の余分な熱を取るわかめは便秘の解消におすすめ。みょうがの風味がアクセント。

わかめとみょうがのあえもの

常備菜

保存
冷蔵で4~5日

材料　作りやすい分量

わかめ(乾燥) …… 10g
みょうが …… 1個

A
- ごま油 …… 小さじ1 1/2
- にんにく(すりおろし) …… 小さじ1/2
- 塩 …… 少々

作り方

1 わかめは水で戻し、水気を絞る。みょうがはせん切りにする。

2 ボウルに1を入れ、Aを加えてあえる。

体に潤いを与える落花生と白ごまを組み合わせた、お通じがよくなる濃厚だれ。

調味料
保存
冷蔵で3週間

落花生と白ごまのペースト

材料　作りやすい分量

落花生 …… 20g（正味）
白練りごま …… 100ml
しょうゆ …… 大さじ1
みりん …… 大さじ1

作り方

1. 落花生は薄皮をむく。
2. すべての材料を容器に入れ、ブレンダーなどでなめらかになるまで攪拌する。

冷ややっこにのせて

適当な大きさに切った豆腐に、落花生と白ごまのペーストを適量のせていただく。
＊生野菜につけたり、おにぎりの具にするのもおすすめ。

お弁当にするなら、
こんな組み合わせ

便秘解消編

かぶとしめじの ココナッツオイルソテー弁当

◉かぶとしめじの
ココナッツオイルソテー（P.38）
◉小松菜とアーモンドのあえもの（下記）
◉ご飯

＊小松菜は体の余分な熱を取り、便通をよくする。

小松菜とアーモンドのあえもの
材料（作りやすい分量）と作り方

小松菜2～3株（約100g）を沸騰した湯でゆで（茎から先に30秒浸し、葉も入れてさらに30秒ゆでる）、粗熱を取って水気を絞り、食べやすく切る。からいりして粗く砕いたアーモンド（無塩）10g、しょうゆ、からし各小さじ1/4を合わせて小松菜をあえ、あれば白ごま適量をかける。

たけのことズッキーニの みそ炒め弁当

◉たけのことズッキーニの
みそ炒め（P.40）
◉えのきの黒ごまあえ（P.44）
◉水菜
◉パイナップル
◉ご飯

＊水菜は便通をよくし、パイナップルは体の熱を冷まして便通をよくする。

むくみ

夕方になると足がパンパンになって靴がきつい、朝起きると顔が腫れているなど、むくみに悩まされている方も多いのではないでしょうか。薬膳では、むくみは体内に余分な水分が溜まっている状態だと考えられています。とくに湿気が多い梅雨の時期は水分が発散しにくく、むくみやすくなるといわれています。

むくみ解消には、体の外に水分を出す食材が効果的です。気の巡りをよくする食材を組み合わせて、体内の循環をよくするのもおすすめ。また、むくみにより水分の代謝がうまくいっていないと、消化吸収に関わる胃腸が弱ってしまいます。胃腸を元気にする食材も一緒に食べるとよいでしょう。冷えも体の水分バランスを崩し、むくみの原因になります。体を温める食材（95ページ）を食べるように意識しましょう。

むくみが気になるときは冷たいもののとりすぎに注意し、脂っぽいものや甘いもの、刺し身などは控えます。

体の外に水分を出す食材

たい、とうもろこし、きゅうり、すいか、枝豆、緑豆、香菜、もやしなど

気の巡りをよくする食材

めかじき、バジル、ローリエ、オレガノ、セロリ、春菊、三つ葉、レモン、そばなど

胃腸を元気にする食材

たい、にんにく、にんじん、カリフラワー、ブロッコリー、キャベツ、白菜、さつまいも、りんご、黒米など

たいととうもろこしの黒こしょうソテー

たいととうもろこしで体内から余分な水分を出し、
むくみを解消します。
たいに薄力粉をまぶすとカリッとした焼き上がりに。
黒こしょうは体を温め、味を引き締めます。

材料　2人分＋弁当1人分

たい …… 3切れ
とうもろこし …… 1本
薄力粉 …… 適量
塩 …… 小さじ1/4
黒こしょう …… 少々
オリーブオイル …… 大さじ1 1/2

作り方

1 たいは両面に塩小さじ3/4（分量外）をふり、10分ほどおき、水分をふく。両面に薄力粉をまぶし、余分な粉をはたいて落とす。とうもろこしは芯から実をはずす。

2 フライパンにオリーブオイル大さじ1を熱し、たいの皮目を下にして入れ、中火で焼く。焼き目がついたら裏返してさらに焼き（途中で油が出てきたらペーパータオルでふき取る）、皿に盛る。

3 フライパンにオリーブオイル大さじ1/2を熱し、とうもろこしを中火で炒める。火が通ったら塩、黒こしょうで味をととのえ、*2*にのせる。

食材 *MEMO*

たいは胃腸の働きを整え、体の余分な水分を出す。とうもろこしも水分を出す働きがあり、ヤングコーンやひげ茶もむくみによい。

49 むくみ

蒸し鶏と蒸しきゅうりのバジルあえ

きゅうりはむくみによい食材ですが、体を冷やすので
温め食材の鶏肉とバジルを合わせました。
生とは違う、蒸したきゅうりのおいしさを味わって。

材料　2～3人分

鶏むね肉 …… 1枚（約250g）
きゅうり …… 2本
バジル …… 適量
塩 …… 小さじ1/4
A 砂糖 …… 小さじ1
　塩 …… 小さじ1
　水 …… 50ml
B 紹興酒（または酒）…… 50ml
　水 …… 50ml
ごま油 …… 適量

作り方

1 鶏肉は冷蔵庫から出して余分な脂を取り除き、よく混ぜた*A*とともにポリ袋に入れて20分以上おく（前の晩から漬けてもよい。その場合は調理前に常温に戻す）。

2 きゅうりは一口大の乱切りにし、塩をまぶす。

3 鍋に*B*、*1*の肉、*2*を入れ、ふたをして強火にかける。沸騰したら弱火にし、5～6分煮る。火を止めて10分ほどおいたら、ふたをはずし、容器に移して冷ます（火が通りすぎないように注意する）。

4 鶏肉を好みの厚さに切り、きゅうりとともに皿に盛る。ごま油を回しかけ、バジルをのせる。

＊鶏肉1切れに対してバジル1枚のバランスがおいしい。

食材 *MEMO*

きゅうりは体の熱を冷まし、余分な水分を排出する利尿作用がある。鶏肉は胃腸を温める。バジルは体を温めて胃腸を整える。

すいかのガスパチョ

利尿作用があるすいかと血流をよくする玉ねぎで、
さっぱりとした冷製スープに。
パンを加えることで濃度がアップします。

材料　2人分

すいか …… 正味200g
トマト …… 1個
玉ねぎ …… 1/4個
白ワインビネガー（または酢）
　…… 大さじ1
オリーブオイル …… 大さじ1
塩 …… 少々
好みのパン …… 適量
＊食パンなら1枚ほどが目安。

作り方

1 すいかは赤い部分を皮からはずして種を取り除き、大きめの一口大に割る。トマトは湯むきをしてざく切りにする。玉ねぎは薄切りにする。

2 パンを一口大にちぎって容器に入れ、*1*をのせてふやかしておく。

3 *2*に白ワインビネガー、オリーブオイル、塩を加えてミキサーでなめらかになるまで攪拌し、冷蔵庫で冷やす。

4 器に盛り、好みですいかの種を飾り、オリーブオイル適量（分量外）を回しかける。

余分な水分を出す枝豆を、体を温める花椒を加えた紹興酒に漬けて。

枝豆の花椒紹興酒漬け

常備菜
保存
冷蔵で4~5日

材料　作りやすい分量

枝豆 …… 300g（正味140 ～ 150g）

A
- 花椒《ホワジャオ》 …… 小さじ1/4
- 紹興酒 …… 100ml
- 砂糖 …… 小さじ1/2
- しょうゆ …… 大さじ2

作り方

1 枝豆は熱湯でゆでて、さやから豆を出す。

2 小鍋にAを入れて火にかけ、沸騰したら火を止めて冷ます。

3 容器に1を入れて2を注ぎ、冷蔵庫で一晩漬ける。

緑豆が余分な水分を排出させます。体を温めるえびと香菜でアジアンなサラダに。

春雨とえびの香菜だれ

常備菜
保存
冷蔵で4~5日

材料　作りやすい分量

緑豆春雨 …… 60g

桜えび（乾燥） …… 5g

香菜 …… 2束

赤唐辛子（種を取る） …… 1本

A
- ナンプラー …… 小さじ1
- レモン汁 …… 小さじ2
- 砂糖 …… 小さじ1/4
- ごま油 …… 小さじ2

作り方

1 緑豆春雨は袋の表示通りにゆで、水にさらしてざるに上げ、水気をきる。

2 香菜はみじん切りにしてボウルに入れ、赤唐辛子とともにAと混ぜる。

3 2に1と桜えびを加えてあえる。

お弁当にするなら、
こんな組み合わせ

むくみ解消編

たいととうもろこしの黒こしょうソテー弁当

- **たいととうもろこしの黒こしょうソテー（P.48）**
- **もやしの粒マスタードあえ（下記）**
- **ご飯**

＊もやしで水分を排出し、マスタードで温める。

もやしの粒マスタードあえ

材料（作りやすい分量）と作り方

もやし1袋（250g）を沸騰した湯で1分ほどゆで、粗熱を取って水気を絞る。温かいうちにボウルに入れ、塩少々、粒マスタード大さじ1を加えてあえる。水気をきって弁当に入れる。冷蔵で2～3日保存できる。

蒸し鶏と蒸しきゅうりのバジルあえ弁当

- **蒸し鶏と蒸しきゅうりのバジルあえ（P.50）**
- **焼きししとうの山椒あえ（下記）**
- **小豆ご飯（下記）**

＊ししとう、山椒はおなかを温め、小豆は水分を排出する。

焼きししとうの山椒あえ

材料（作りやすい分量）と作り方

しし唐辛子5～6本は楊枝などで1か所穴をあけ、フライパンで焼き目がつくまで焼く。熱いうちに粉山椒、砂糖各少々、みりん、しょうゆ各小さじ1であえる。

小豆ご飯

材料（作りやすい分量）と作り方

小豆1/2合、白米2合を洗い、一緒に一晩浸水させ、戻し汁は取っておく。炊飯器に白米、小豆を入れ、戻し汁を2.5合の目盛りまで入れる（足りなければ水を足す）。塩小さじ1を加え、軽く混ぜて炊く。

女性の悩み

貧血 月経不順 生理痛

貧血、月経不順、生理痛といった悩みに共通していえるのは、「血」（94ページ）が不足していること。とにかく血を補う食材を積極的にとりましょう。あとは悩み別に食材を組み合わせていきます。

貧血の方は、血の不足に加え、血が滞っている状態といえます。気を補う食材、血の巡りをよくする食材を食べて、血の流れをスムーズにしましょう。

月経不順（周期が乱れている、期間が長すぎる、短すぎる）の方は、血の不足に加え、ストレスなどで気の巡りが悪くなっている状態が考えられます。気を補う食材で循環させるエネルギーを補給しましょう。また、月経を整える食材で、月経の異常を改善することも効果的です。

生理痛は冷えやストレスが原因だと考えられています。冷えには温める食材（95ページ）を、ストレスには気の巡りをよくする食材を意識して食べましょう。

気を補う食材

鶏肉、牛肉、豚肉、たら、まぐろ、さけ、いわし、えび、たこ、アボカド、まいたけ、しいたけ、大豆、ぶどうなど

血を補う食材

レバー、牛肉、かつお、まぐろ、さば、さけ、ぶどう、プルーン、きくらげ、しめじ、ひじき、にんじん、ほうれん草、パセリなど

気の巡りをよくする食材

めかじき、バジル、ローリエ、オレガノ、セロリ、春菊、三つ葉、レモン、そばなど

月経を整える食材

いか、みょうが、ターメリック、ローズマリーなど

血の巡りをよくする食材

さんま、ししゃも、なす、赤玉ねぎ、モロヘイヤ、にら、酢、黒砂糖など

牛肉と玉ねぎとモロヘイヤのカレー炒め煮

‘血’を補う牛肉、玉ねぎ、にんじんと、
血流をよくするモロヘイヤを組み合わせた炒めもの。
ほどよくスパイシーな味つけがご飯にもお酒にも合います。

材料　2～3人分

牛切り落とし肉 …… 200g
玉ねぎ …… 小1個
モロヘイヤ …… 1袋（80～90g）
にんじん …… 1/2本
にんにく …… 1/2片
A｜カレー粉 …… 小さじ1 1/2
｜塩 …… 小さじ1
｜オイスターソース …… 小さじ1
｜しょうゆ …… 小さじ1
植物油 …… 大さじ1/2
チリパウダー（好みで）…… 適量

作り方

1 モロヘイヤは茎と葉に分け、2～3cm長さに切る。玉ねぎは薄切り、にんじんは薄い短冊切りにし、にんにくはみじん切りにする。

2 フライパンに植物油とにんにくを入れて弱火にかけ、香りが立ってきたら牛肉を中火で炒める。

3 肉の色が変わったら、モロヘイヤの茎、玉ねぎ、にんじんを加えて炒め、火が通ったらモロヘイヤの葉も加えて炒める。

4 **A**を加えてからめ、好みでチリパウダーをふる。

食材 *MEMO*

牛肉は‘気’と‘血’を補う。モロヘイヤは余分な熱を取って体に潤いを与え、血液の循環をよくする効果がある。

さんまとレーズンのフライパンパエリア

さんまは‘血’の巡りをよくし、レーズンは‘血’を補います。
松の実の食感やシナモンの香りで特別感のある一品に。

材料　2人分

米 …… 1合
さんま（三枚おろし）
　…… 3尾分
玉ねぎ …… 1個
にんにく …… 1片
トマト …… 2個
レーズン …… 20g
塩 …… 小さじ1
白ワイン …… 小さじ2
松の実 …… 10g
シナモンパウダー
　…… 小さじ1/2
オリーブオイル …… 大さじ1

作り方

1 さんまは塩小さじ1（分量外）をふって10分ほどおき、水分をふく。
2 玉ねぎは粗みじん切り、にんにくはみじん切り、トマトはざく切りにする。
3 フライパン（直径26cm）にオリーブオイルとにんにくを入れて弱火にかけ、香りが立ってきたら玉ねぎを炒める。トマトを加えてざっくり炒めたら、米（洗わない）も加えて炒める。
4 水600mlと塩を加え、強火で5分煮る。米の頭が見えてきたら弱火にし、レーズンを加えてざっくり混ぜ、さんまを並べて白ワインを回しかけ、13〜14分煮る。
5 強火にして水分を飛ばし、火を止める。松の実、シナモンパウダーをかけ、全体を混ぜ合わせて食べる。
＊好みでパセリをふってもおいしい。

鶏レバーとプルーンで‘血’を補給。しょうがのきいた、こっくりした煮込み。

レバーとプルーンの赤ワイン煮

常備菜
保存
冷蔵で4~5日

材料　作りやすい分量

鶏レバー …… 250g
しょうが …… 1片
プルーン(ドライ) …… 60g
赤ワイン …… 100ml
A | しょうゆ …… 大さじ1
　| 黒砂糖 …… 小さじ1
植物油 …… 大さじ1/2

作り方

1 鶏レバーは一口大に切り、しょうがはせん切りにする。プルーンは食べやすくちぎる。
2 フライパンに植物油を熱し、レバーを中火で炒める。
3 表面の色が変わったらしょうが、プルーン、赤ワインを加えて中火で煮る。沸騰したらAを加え、水分がほぼなくなるまで煮詰める。

＊好みでこしょうや黒こしょう、山椒などをふっても。

ひじきで‘血’を補い、アンチョビーで‘血’を巡らせます。粒マスタードで洋風に。

ひじきアンチョビー

常備菜
保存
冷蔵で3~4日

材料　作りやすい分量

ひじき(乾燥) …… 15g
アンチョビー …… 15g
くこの実 …… 約小さじ3
レモン汁 …… 小さじ1 1/2
A | オリーブオイル …… 小さじ1 1/2
　| 粒マスタード …… 小さじ2
　| しょうゆ …… 小さじ1/2

作り方

1 ひじきは30分ほど水につけて戻し、洗ってざるに上げ、熱湯を回しかけ、しっかり水気をふく。
2 くこの実はレモン汁につけて戻す。アンチョビーは包丁でたたき、Aを混ぜる。
3 1と2をよく混ぜる。

いかとみょうがのターメリック炒め

いか、みょうが、ターメリックは‘血’の滞りを改善し、
月経不順によい組み合わせ。
しょうがとスパイスが香る、ピリ辛な炒めものです。

材料　2〜3人分

するめいか …… 2はい
みょうが …… 2個
にんにく …… 1片
赤唐辛子(種を取る) …… 1本
白ワイン(または酒) …… 小さじ2
塩 …… 小さじ1/4
A ターメリック …… 小さじ1/4
しょうが(すりおろし) …… 小さじ1/4
レモン汁 …… 小さじ2
植物油 …… 大さじ1/2

作り方

1 いかはワタを取り、胴は1cm幅の輪切りにする。足はくちばしと目を取り、食べやすく切る。みょうがは縦4等分に切り、にんにくはみじん切りにする。

2 フライパンに植物油、にんにく、赤唐辛子を入れて弱火にかけ、香りが立ってきたら、いかを中火で炒める。

3 色が変わったら、白ワイン、みょうが、塩を加えて炒め、みょうががしんなりしたら、混ぜた*A*を加えてからめる。

食材 *MEMO*

いかは‘血’を補い、みょうがは胃腸を温めて‘気’を巡らせ、ターメリックは血行を促進。どれも月経を調節する効果がある。

61 女性の悩み 月経不順

かつおとパセリとぶどうのカルパッチョ

どれも‘血’を補う食材です。
甘酸っぱいぶどうとほろ苦いパセリの相性がよく、
お刺し身がグレードアップ！

材料　2人分

かつお
（刺し身用さく。たたきでもよい）
…… 150g
パセリ …… 10g
ぶどう …… 10粒
サラダほうれん草 …… 70g

A
- オリーブオイル …… 大さじ1/2
- にんにく（すりおろし）…… 小さじ1/4
- バルサミコ酢 …… 小さじ2
- しょうゆ …… 小さじ1/2

作り方

1. かつおは3～4mm厚さのそぎ切りにする。パセリは葉の部分をみじん切りにし、サラダほうれん草は根元を切り落とし、食べやすく切る。
2. ぶどうは皮が厚ければむき、種があれば取り、半分に切る。
3. *1*と*2*を皿に盛り、よく混ぜた*A*を回しかける。

さばとしめじは'血'とエネルギーを補います。缶詰を利用した手軽なペースト。

さばとしめじのリエット

常備菜
保存
冷蔵で1週間

材料　作りやすい分量

さば缶（水煮）
　…… 1缶（150g）
しめじ …… 100g
玉ねぎ …… 1/4個
にんにく …… 1片
塩、黒こしょう …… 各少々
バター …… 20g
ローズマリー …… 1本

作り方

1 さば缶は軽く汁気をきる。しめじは石づきを切り落とし、小房に分ける。 玉ねぎは薄切りにし、にんにくはつぶす。

2 フライパンにバター 10gを溶かし、弱火でにんにくを炒める。香りが立ってきたら、しめじ、玉ねぎ、ローズマリーを加え、塩、黒こしょうをふって中火でしんなりするまで炒める。バットなどに取り出して粗熱を取る。

3 ローズマリーを除いた2とバター 10g、さば缶をフードプロセッサーなどでなめらかになるまで撹拌する。保存容器に入れ、食べるときに好みでローズマリー（分量外）をのせる。

ビーツで巡りをよくし、うずらの卵で'血'と元気をチャージ。お弁当の彩りにも◎。

ビーツとうずら卵のピクルス

常備菜
保存
冷蔵で1か月

材料　作りやすい分量

ビーツ …… 400g
うずらの卵 …… 12個
ローリエ …… 1枚
赤唐辛子（種を取る）
　…… 1本
黒粒こしょう …… 10粒

A
砂糖 …… 大さじ1
塩 …… 小さじ1
酢、白ワイン
　…… 各100ml
水 …… 200ml

作り方

1 ビーツはよく洗ってアルミ箔に包み、200°Cのオーブンで1時間ほど焼く（竹串がすっと通るまで）。粗熱が取れたら、アルミ箔ではがすように皮をむき、一口大に切る。

2 うずらの卵はゆでて殻をむく。

3 鍋にAを入れて中火で沸騰させ、火を止めて1、2、ローリエ、赤唐辛子、黒こしょうを加える。冷めたら保存容器に入れる。

めかじきのローズマリーソテー

めかじきとローズマリーの組み合わせは、
ストレスが原因の生理痛におすすめです。
シンプルですが、ハーブの香りが広がる
おしゃれな一品に。

材料　2人分+弁当1人分

めかじき…… 3切れ
ローズマリー …… 1 〜 2本
塩 …… 小さじ3/4
薄力粉 …… 適量
オリーブオイル …… 大さじ1/2

作り方

1　めかじきは両面に塩をふり、10分ほどおいて水分をふく。両面に軽く薄力粉をまぶす。

2　フライパンにオリーブオイルを熱し、*1*と半分にちぎったローズマリーを入れ、軽く焼き目がつくまで中火で両面を焼く。

食材 *MEMO*

めかじきは‘気’を巡らせる。ローズマリーは‘血’を巡らせて生理痛によく、心を穏やかにする。

あじといんげんのホットサラダ

冷えが原因の生理痛には、体を温めるあじ、
さやいんげん、赤玉ねぎを使った温かいサラダを。

材料　2人分

あじ（三枚おろし）…… 2尾分
さやいんげん …… 8本
赤玉ねぎ …… 1/2個
にんにく …… 1/2片
青じそ …… 3枚
A｜白ワインビネガー（または酢）…… 小さじ2
　｜クミンパウダー、砂糖、塩 …… 各小さじ1/4
オリーブオイル …… 大さじ1/2

作り方

1　あじは両面に塩 小さじ1/2（分量外）をふり、10分ほどおいて水分をふき、そぎ切りにする。

2　さやいんげんは筋を取り、ヘタを切り落として2～3cm長さに切る。 赤玉ねぎ、にんにくは薄切りにし、青じそはせん切りにする。*A*は混ぜておく。

3　フライパンにオリーブオイルとにんにくを入れて弱火にかけ、香りが立ってきたら、さやいんげんを加え、ふたをして弱火で3～4分蒸し焼きにする。

4　あじを加えてさっと炒め、火が通ったら赤玉ねぎを加えて混ぜ、火を止める。*A*を混ぜて器に盛り、青じそをのせる。

‘血’を補うほうれん草と、おなかを温める花椒。ピリリとした辛みがくせになります。

ほうれん草の花椒炒め

常備菜
保存
冷蔵で3～4日

材料　作りやすい分量

ほうれん草…… 1袋(180g)
にんにく …… 1片
花椒《ホワジャオ》 …… 小さじ1/4
A | 酢 …… 小さじ1
　| ナンプラー …… 小さじ2
ごま油 …… 大さじ1/2

作り方

1　ほうれん草は洗って根元を切り落とし、3～4cm長さに切り、葉と茎に分ける。にんにくは薄切りにする。
2　フライパンにごま油とにんにくを入れて弱火にかけ、香りが立ってきたら、ほうれん草の茎を加え、中火で炒める。
3　しんなりしてきたら葉を加え、花椒、混ぜたAを加えてからめる。

きくらげとにんじんは‘血’を補い、黒こしょうはおなかを温めます。きくらげの食感が◎。

きくらげとにんじんのあえもの

常備菜
保存
冷蔵で1週間

材料　作りやすい分量

きくらげ(乾燥) …… 15g
にんじん …… 1/4本
A | ごま油 …… 大さじ1/2
　| にんにく(すりおろし) …… 小さじ1/2
　| 塩 …… 小さじ1/4
　| レモン汁 …… 小さじ1
黒こしょう …… 小さじ1/4
黒ごま(あれば) …… 適量

作り方

1　きくらげはぬるま湯に15～20分つけて戻し、石づきを取り、食べやすい大きさに切る。沸騰した湯でさっとゆで、ざるに上げて水気をきる。
2　にんじんはせん切りにする。
3　ボウルに1、2、Aを入れてよくあえ、黒こしょうをふる。あれば黒ごまをふる。

＼お弁当にするなら、こんな組み合わせ／

女性の悩み改善編

牛肉と玉ねぎとモロヘイヤのカレー炒め煮弁当

貧血

◉牛肉と玉ねぎとモロヘイヤのカレー炒め煮（P.56）
◉ひじきアンチョビー（P.59）
◉ご飯

めかじきのローズマリーソテー弁当

生理痛

◉めかじきのローズマリーソテー（P.64）
◉きくらげとにんじんのあえもの（P.67）
◉パセリご飯（下記）

＊パセリは血の巡りをよくする。

パセリご飯

材料（作りやすい分量）と作り方

炊いたご飯1合分に、刻んだパセリ10g、バター10g、塩小さじ1/2を加えて混ぜる。

いかとみょうがのターメリック炒め弁当

月経不順

◉いかとみょうがのターメリック炒め（P.60）
◉ザーサイとブロッコリーのあえもの（右記）
◉ビーツとうずら卵のピクルス（P.63）
◉ご飯

＊ザーサイは血の滞りを改善し、
ブロッコリーは胃腸を元気にする。

ザーサイとブロッコリーのあえもの

材料（作りやすい分量）と作り方

ブロッコリー1個は小房に分け、沸騰した湯で2分ゆで、粗熱を取る。温かいうちに刻んだ味つきザーサイ30gと合わせ、ごま油小さじ1であえる。冷蔵で4日ほど保存可能。

イライラ

ちょっとしたことで怒りっぽくなってしまう、気分がなかなか上がらない……。その原因はストレスかもしれません。ストレスが溜まっているとき、薬膳では、自律神経に関わる「肝」（95ページ）が弱っている状態だと考えられています。肝の働きを整える食材を食べて精神を安定させましょう。

そして、イライラしているときはエネルギーの流れも滞っているので、気の巡りをよくする食材を組み合わせて。とくに柑橘類やハーブ、香りの強い野菜は、香りの力で気分をリフレッシュさせる効果もあるためおすすめです。

更年期のイライラは、体の水分が足りないことも原因だと思われます。潤いを与える食材で水分を補給しましょう。また、カッカと怒っていると頭に血がのぼり、体に熱がこもってしまいます。イライラには、温める食材よりも余分な熱を冷ます食材を合わせるほうが効果的です。

肝の働きを整える食材

ピーマン、春菊、マッシュルーム、柑橘類、酢、梅など

気の巡りをよくする食材

めかじき、バジル、ローリエ、オレガノ、セロリ、春菊、三つ葉、レモン、そばなど

潤いを与える食材

豚肉、かに、アスパラガス、エリンギ、いか、卵、松の実、アーモンド、白ごまなど

余分な熱を冷ます食材

白菜、たけのこ、ズッキーニ、ごぼう、クレソン、レタス、豆腐、わかめなど

ピーマンと豚肉のバジル炒め

イライラに効果的なピーマンを使って、タイの定番料理に。
バジルも気分をリフレッシュしてくれるので
香りが飛ばないように最後に加えます。

材料　2〜3人分

ピーマン …… 5個
豚薄切り肉(好みの部位) …… 200g
にんにく …… 1片
赤唐辛子(種を取る) …… 2本
A ナンプラー、酒 …… 各大さじ1
A オイスターソース …… 小さじ2
A 砂糖 …… 小さじ1/2
バジル …… 適量
ごま油 …… 大さじ1/2
＊辛いのが苦手な方は赤唐辛子を減らしてOK。

作り方

1 ピーマンは一口大に切り、にんにくは薄切りにする。豚肉は大きければ食べやすく切る。

2 フライパンにごま油、にんにく、赤唐辛子を入れて弱火にかけ、香りが立ってきたら、豚肉を中火で炒める。

3 色が変わったらピーマンを加えて炒め合わせ、*A*を加えて混ぜる。火を止めてバジルを混ぜる。

食材 *MEMO*

ピーマンは自律神経と関わる「肝」の働きをよくして‘気’を巡らせる。バジルも‘気’の巡りをよくする。豚肉は体を潤す。

かにとオレガノの豆腐ナゲット

頭に血がのぼると熱がこもるので、
潤いを与えるかにと豆腐を組み合わせました。
手軽なかに缶を使い、オレガノがほのかに香る、
ふわふわのナゲットに。

材料　2～3人分

かに缶 …… 110g
木綿豆腐 …… 1丁(350g)
オレガノ …… 小さじ1/2
A 卵 …… 1個
　薄力粉 …… 大さじ2
　塩 …… 小さじ1/2
　マヨネーズ …… 小さじ2
揚げ油 …… 適量

作り方

1 豆腐はペーパータオルなどに包み、重しをのせて20～30分おき、水きりをする。かに缶は汁気をきる。

2 ボウルに豆腐を崩し入れ、*A*を加えてよく混ぜたら、かに、オレガノを加え、さっくりと混ぜる。

3 フライパンに揚げ油を170°Cに熱し、*2*をスプーン2本を使って形を整えながら静かに落とし入れ、こんがり色づくまで揚げる（固まるまで触らない）。

食材 *MEMO*

かには体内にこもった熱を冷まして水分を補う。豆腐は体に潤いを与える。オレガノは邪気を追い払い、イライラや不眠によい。

あさりとクレソン、レタスのさっと煮

あさりは気分を穏やかにし、
クレソンとレタスは体にこもった熱を取ります。
白ワイン蒸しで素材のうまみを堪能して。

材料　2人分

あさり …… 200g
クレソン …… 10本(50g)
レタス …… 1/4個(100g)
にんにく …… 1片
赤唐辛子(種を取る) …… 1本
塩 …… 少々
白ワイン …… 50ml

作り方

1. あさりは砂抜きをする。クレソンは食べやすい長さに切り、レタスはざく切りにする。にんにくはつぶす。
2. 鍋に*1*、赤唐辛子を入れて塩をふり、白ワインを回し入れ、ふたをして強火にかける。
3. あさりの口が開いたら、ふたをはずし、火を止める。

香りの強いセロリとローリエはストレスに効果的。箸休めにもぴったりです。

セロリのローリエ浅漬け

常備菜

保存
冷蔵で3~4日

材料　作りやすい分量

セロリ……1本
ローリエ……2枚
塩……小さじ1/2

作り方

1 セロリは洗って水気をふく。筋を取り、茎は3～4mm幅に切り、葉はざく切りにする。

2 ポリ袋などに1を入れ、ローリエ、塩を加えて軽くもみ、1時間ほどおく。

どちらも自律神経に関わる「肝」を健やかにする食材。コクのある酸味が◎。

春菊とマッシュルームの炒めもの

常備菜

保存
冷蔵で2~3日

材料　作りやすい分量

春菊……100g
マッシュルーム……150g
A　バルサミコ酢……小さじ2
　しょうゆ……小さじ1
　にんにく(すりおろし)……小さじ1/4
オリーブオイル……大さじ1/2

作り方

1 春菊は洗って水気をきり、2～3cm長さに切り、茎と葉に分ける。マッシュルームは汚れを落とし、半分に切る。

2 フライパンにオリーブオイルを熱し、春菊の茎を入れて中火でさっと炒める。

3 マッシュルームを加えて炒め、火が通ったら春菊の葉、Aを加えて水分を飛ばすように炒める。

お弁当にするなら、
こんな組み合わせ

イライラ解消編

ピーマンと豚肉のバジル炒め弁当

◉ **ピーマンと豚肉のバジル炒め（P.70）**

◉ **セロリのローリエ浅漬け（P.75）**

一口大に切ったグレープフルーツをあえる。

◉ **目玉焼き**

◉ **ご飯**

好みでチリパウダーをかける。

＊グレープフルーツは‘気’を巡らせる。
卵は体を潤す。

かにとオレガノの豆腐ナゲット弁当

◉ **かにとオレガノの豆腐ナゲット（P.72）**

◉ **キャベツのピリ辛あえ（下記）**

◉ **ご飯**

＊キャベツは胃にやさしい。
ナゲットに冷える食材を使っているので
赤唐辛子で温める。

キャベツのピリ辛あえ

材料（作りやすい分量）と作り方

キャベツ100gをざく切りにし、赤唐辛子1本、塩、酢、砂糖各少々、にんにく（すりおろし）小さじ1/4であえる。水分が出てきたら絞る。

不眠

なかなか寝つけない、眠りが浅い、夜中に何度も目が覚めてしまう……。不眠といってもさまざまですが、症状や原因にかかわらず、まずは気持ちを安定させる食材をとることを心がけましょう。

ストレスが原因で眠れなくなることも。そんなときは、体に熱が溜まり、エネルギーの流れが滞っていますから、余分な熱を冷ます食材（69ページ）、気の巡りをよくする食材を組み合わせます。イライラ（69ページ）と同様、自律神経に関わる肝の働きを整える食材もおすすめです。

さらに、血や潤いが不足していると体内が乾燥し、睡眠にも影響が出てしまいます。血を補う食材（55ページ）、潤いを与える食材も組み合わせるとよいでしょう。

また、疲れているのに眠れないときは、体内にエネルギーが不足している可能性があります。胃腸を元気にする食材（47ページ）、腎の働きを整える食材（85ページ）で眠るための力をつけることも大切です。

気持ちを安定させる食材

あさり、ほたて、かき、春菊、ローズマリー、ジャスミンティー、ココナッツなど

気の巡りをよくする食材

めかじき、バジル、ローリエ、オレガノ、セロリ、春菊、三つ葉、レモン、そばなど

肝の働きを整える食材

ピーマン、春菊、マッシュルーム、柑橘類、酢、梅など

潤いを与える食材

豚肉、かに、アスパラガス、エリンギ、いか、卵、松の実、アーモンド、白ごま、酒粕など

ほたてのソテー　サルサヴェルデ

不安や考えすぎによる不眠には
心を落ち着かせて体内の水分を補うほたてに
‘血’を補うパセリのソースをかけていただきます。
シンプルなソテーがごちそうに！

材料　2～3人分

ほたて貝柱（刺し身用）…… 10個
バター …… 10g
【サルサヴェルデ】
パセリ …… 60g
にんにく …… 1片
オリーブオイル …… 100ml
塩 …… 小さじ1/4

作り方

1 サルサヴェルデの材料をすべて容器に入れ、ブレンダーなどでなめらかになるまで攪拌する。

2 フライパンにバターを溶かし、中火でほたてを両面焼く。器に盛り、*1*をかける。

＊サルサヴェルデは冷蔵で3週間ほど保存可能。刺し身をあえてもおいしい。

食材 *MEMO*

ほたては体に水分を補い、心を落ち着かせる。滋養強壮の効果も。パセリは体を温め、‘血’を補って血行をよくする。

豚肉と野菜のココナッツ炒め

イライラが原因の不眠に。
潤いを与える豚肉とアスパラガス、エリンギで
体の熱を冷まします。なじみの食材も
ココナッツとナンプラーで調味すれば新たなおいしさに。

材料　2～3人分

豚薄切り肉(好みの部位)…… 200g
グリーンアスパラガス …… 3本
エリンギ …… 2本
パプリカ(黄) …… 1個
A ｜ココナッツパウダー …… 大さじ2
｜レモン汁 …… 大さじ1
｜ナンプラー …… 小さじ2
｜しょうが(すりおろし) …… 小さじ1/4
｜にんにく(すりおろし) …… 小さじ1/4
植物油 …… 大さじ1/2

＊ココナッツパウダーは
ココナッツファインでもOK。

作り方

1 豚肉は大きければ食べやすく切る。アスパラガスは根元を切り落とし、ピーラーでかたい部分の皮をむき、2～3cm長さに切る。エリンギは1cm幅の輪切りにする。パプリカは縦半分に切り、横に1cm幅に切る。

2 フライパンに植物油を熱し、豚肉を中火で炒める。色が変わったら、アスパラガスの茎を加えて炒め、パプリカ、エリンギ、アスパラガスの穂先も加えて炒める。

3 全体に火が通ったら、よく混ぜた***A***を加えてからめる。

食材 *MEMO*

豚肉とアスパラガスは潤いを与え、'気'を補う。エリンギは潤いを補う。パプリカは'気'を巡らせ、ココナッツは気持ちを安定させる。

三つ葉、春菊、香菜のあえそば

ストレスをやわらげる
そば、三つ葉、春菊、香菜を合わせた、
エスニックなあえ麺。落花生の食感もポイント。

材料　2人分

そば（乾麺）…… 160g
三つ葉 …… 2束（40g）
春菊 …… 4～5本（30g）
香菜 …… 2本
落花生 …… 40g
A｜ごま油 …… 大さじ2
　｜ナンプラー、レモン汁、しょうゆ …… 各大さじ1

作り方

1 春菊と香菜は葉を摘み取り、茎はみじん切りにする。三つ葉は2cm長さに切る。落花生はからいりし、包丁で粗めに砕く。
2 *A*をボウルに入れてよく混ぜ、春菊と香菜の茎を加えて混ぜる。
3 そばを袋の表示通りにゆでて冷水で冷やし、水気をきって器に盛る。
4 三つ葉、春菊と香菜の葉をのせ、*2*をかけて落花生を散らす。よく混ぜながら食べる。

精神を安定させるかきとローズマリー。ごく弱火でゆっくり煮て風味をつけて。

かきのローズマリーオイル漬け

常備菜

保存
冷蔵で1週間

材料　作りやすい分量

かき …… 10個(200g)
オリーブオイル …… 適量
にんにく(つぶす) …… 1片
ローズマリー …… 1本
塩 …… 少々

作り方

1. かきは塩水で洗い、水気をしっかりふく。
2. 小鍋に*1*を入れ、浸るくらいのオリーブオイルを注ぐ。
3. にんにく、ローズマリー、塩を加えてごく弱火にかけ、7～8分煮る。火を止めてそのまま冷ます。

小松菜はイライラに◎。アンチョビーは‘気’を補い、‘血’の巡りをよくします。

小松菜のアンチョビー炒め

常備菜

保存
冷蔵で4～5日

材料　作りやすい分量

小松菜 …… 1袋(250g)
アンチョビー …… 15g
にんにく(つぶす) …… 1片
オリーブオイル …… 大さじ1/2

作り方

1. 小松菜は洗って2～3cm長さに切り、水気をしっかりきる。アンチョビーは包丁でたたく。
2. フライパンにオリーブオイルとにんにくを入れて弱火にかけ、香りが立ってきたら、小松菜の茎を中火でさっと炒める。火が通ったら、葉を加えて炒める。
3. しんなりしたら、アンチョビーを加え、さっと炒める。

\ お弁当にするなら、こんな組み合わせ /

快眠編

ほたてのソテー サルサヴェルデ弁当

◉ほたてのソテー サルサヴェルデ（P.78）
◉れんこんの梅あえ（下記）
◉ゆで卵
◉ご飯

＊疲労回復によいれんこんと
‘血’や潤いを補う卵の組み合わせで、
心を穏やかにする。

れんこんの梅あえ
材料（作りやすい分量）と作り方

皮をむいて4～5mm厚さの輪切りにしたれんこん150gは酢水にさらして水気をきり、沸騰した湯で2～3分ゆでる。種を取って包丁でたたいた梅干し1個分にみりん小さじ2を混ぜ、水気をきったれんこんをあえる。

豚肉と野菜のココナッツ炒め弁当

◉豚肉と野菜の
　ココナッツ炒め（P.80）
◉豆苗
◉ジャスミンティーライス

水の代わりにジャスミンティーを
使用し、白米を炊く。

＊豆苗はイライラに、
ジャスミンティーは不安や不眠によい。

老化

年齢を重ねるごとに老いがはじまるのは自然な現象ですが、できるだけ若々しく、心身ともに健康でいたいですよね。まずは身近な食事から、エイジングケアをはじめましょう。

薬膳では、老化は発育や成長、生殖などに関わる「腎」（95ページ）が大きく関係していると考えられています。「腎」が弱ると、耳が遠くなる、筋力が衰える、抜け毛や白髪、骨粗しょう症や歯のトラブル、腰痛などの老化が進みやすくなります。とにかくアンチエイジングには、腎の働きを整える食材を食べましょう。

また、元気な体づくりには気を補う食材、血を補う食材（いずれも7ページ）も必要です。さらに、「腎」が弱ると慢性的に下半身が冷えることも。体を温める食材（95ページ）を組み合わせ、冷やさないようにしましょう。そして、肌の老化には、潤いを与える食材、皮膚や粘膜の生成に関わる肺（95ページ）を潤す食材でケアするのも大切です。

腎の働きを整える食材

えび、ほたて、にら、ブロッコリー、山いも、ナッツ、黒ごま、黒豆、きくらげ、くこの実など

潤いを与える食材

豚肉、かに、アスパラガス、エリンギ、いか、卵、松の実、アーモンド、白ごま、酒粕など

肺を潤す食材

大根、れんこん、白ごま、山いも、はちみつ、りんご、アーモンドなど

いわしとキャベツのブルーベリービネガー蒸し

いわし、くるみ、キャベツ、ブルーベリーは、
あらゆる部位をケアする
アンチエイジングに最強の組み合わせ。
ブルーベリーの甘酸っぱさもいい調味料になります。

材料　2～3人分

オイルサーディン缶 …… 2缶(150g)
キャベツ …… 1/4個(400g)
くるみ …… 40g
ブルーベリー …… 30粒
塩 …… 小さじ1/4
白ワインビネガー(または酢) …… 大さじ1 1/2

作り方

1 オイルサーディン缶は軽く汁気をきる。キャベツはざく切りにする。くるみはからいりし、粗めに刻む。

2 フライパンにキャベツ、オイルサーディンの順に入れ、ブルーベリーをのせて塩をふり、白ワインビネガーを回しかける。

3 ふたをして弱火で12～13分蒸し煮にし、くるみを散らす。

食材 *MEMO*

オイルサーディン（いわし）は骨や筋力の衰えに、くるみは髪や肌に、ブルーベリーは目によい。キャベツはアンチエイジングに。

ブロッコリーといかのジョン

ジョンは、具に小麦粉や卵をからめて焼く韓国料理。
老化防止に効果的なブロッコリーといかをチョイスし、
それぞれ香ばしく焼きました。おつまみにもどうぞ。

材料　2〜3人分

ブロッコリー……1個
するめいか……2はい
卵……3個
塩……小さじ1/2強
薄力粉……適量
ごま油……適量(1回につき大さじ1)

作り方

1 ブロッコリーは大きめの小房に分けて薄めに切り、茎は薄切りにする。いかはワタを取り、胴は1cm幅の輪切りにし、足はくちばしと目を取り、食べやすく切る。

2 *1*を薄力粉とともにそれぞれポリ袋に入れ、口を閉じてふりながら粉をまぶす。

3 ボウルに卵を溶きほぐして塩を混ぜ、*2*をくぐらせる。

4 フライパンにごま油を熱して*3*を並べ入れ、弱火で両面に焼き色がつくまで焼く。

＊そのまま食べてもおいしいが、好みで酢じょうゆや、酢とラー油をつけても。

食材 *MEMO*

ブロッコリーは腎を元気にして体を丈夫にするエイジングケアに最適な食材。いかは潤いを与えて、'血'を補う。

えびの黒ごま担々麺

潤いを与えて髪にもよい黒ごまを麺にたっぷりからめて。
体を温めて老化を防止するえびをトッピングします。

材料　2人分

むきえび …… 14 ～ 16尾（140g）
にら …… 4本
中華麺 …… 2袋（1袋150g）

A
- 練り黒ごま …… 大さじ4
- ごま油 …… 大さじ1
- しょうゆ、コチュジャン …… 各小さじ1
- 花椒《ホワジャオ》 …… 小さじ1/2
- 酢 …… 小さじ2
- ラー油 …… 少々
- 水 …… 大さじ2

作り方

1. えびは背ワタを取り除き、塩水で洗う。沸騰した湯で色が変わるまでさっとゆで、ざるに上げる。
2. にらは細かく刻む。Aは混ぜる（酢を入れるとかたくなるので水を少しずつ加えてのばす）。
3. 中華麺を袋の表示通りにゆでて水気をきり、温かいうちにAをからめる。
4. 器に盛り、麺の上に1とにらをのせる。混ぜながら食べる。

じゃこは筋力をつけ、アーモンドは肌に潤いを。髪にもよい昆布とあえものに。

昆布とじゃことナッツのナムル

常備菜

保存
冷蔵で4~5日

材料　作りやすい分量

切り昆布（乾燥）…… 30g
ちりめんじゃこ …… 15g
アーモンド（無塩）…… 30g

A
- ごま油 …… 小さじ1
- コチュジャン …… 小さじ1/2
- にんにく（すりおろし）…… 小さじ1/4
- 塩 …… 少々

作り方

1 切り昆布は5～10分水につけて戻し、沸騰した湯でさっとゆで、水気をよくきる。

2 フライパンを熱し、ちりめんじゃこをカリッとするまでからいりする。アーモンドはからいりして粗く刻む。

3 ボウルにAを入れてよく混ぜ、1、2を加えてあえる。

総合的に体によい薬膳界のエース・長いも。体を温めるゆかりとともにさっぱりと。

長いものゆかり酢漬け

常備菜

保存
冷蔵で4~5日

材料　作りやすい分量

長いも …… 500g
赤じそふりかけ …… 小さじ1
酢 …… 大さじ3

作り方

1 長いもは皮をむいて4～5cm長さの拍子木切りにする。

2 1をポリ袋に入れ、赤じそふりかけ、酢を加えてなじませ、2～3時間おく。

体の調子を整えて目や足腰にもよいくこの実を、酢に漬けていつでも使える調味料に。

くこの実ビネガー

調味料

保存
常温で*1*か月

材料　作りやすい分量

くこの実 …… 15g
酢（または黒酢） …… 100ml

作り方

1 消毒した瓶に酢とくこの実を入れ、常温におく。くこの実がふっくらして、酢がピンク色に変わってきたら使える。

ソーダ割りに

くこの実ビネガー適量をグラスに入れ、好みではちみつ、氷を入れ、炭酸水を注ぐ（味をみながら分量は調整）。

＊牛乳、ヨーグルト、はちみつと混ぜ合わせれば、ラッシー風に。キャロットラペなどの料理に酢の代わりとして使える。白身魚のフライにかけてもおいしい。

お弁当にするなら、
こんな組み合わせ

アンチ
エイジング編

いわしとキャベツの サンドイッチ弁当

◉ **いわしとキャベツのサンドイッチ**
いわしとキャベツのブルーベリービネガー蒸し（P.86）の汁気を軽くきり、粒マスタードを塗ったパンに挟む。

◉ **りんごとエリンギのシナモン炒め（下記）**
＊りんご、エリンギ、はちみつで潤いを与え、シナモンで温める。

りんごとエリンギのシナモン炒め
材料（作りやすい分量）と作り方
りんご1/2個（80g）とエリンギ1本は薄切りにし、オリーブオイル大さじ1/2を熱したフライパンで炒める。火が通ったら塩、シナモンパウダー各少々、はちみつ小さじ1/2、レモン汁小さじ1を加えてからめる。

ブロッコリーと いかのジョン弁当

◉ **ブロッコリーといかのジョン（P.88）**
◉ **昆布とじゃことナッツのナムル（P.91）**
◉ **長いものゆかり酢漬け（P.91）**
汁気をきって入れる。
◉ **ご飯**

知っておきたい薬膳の基本

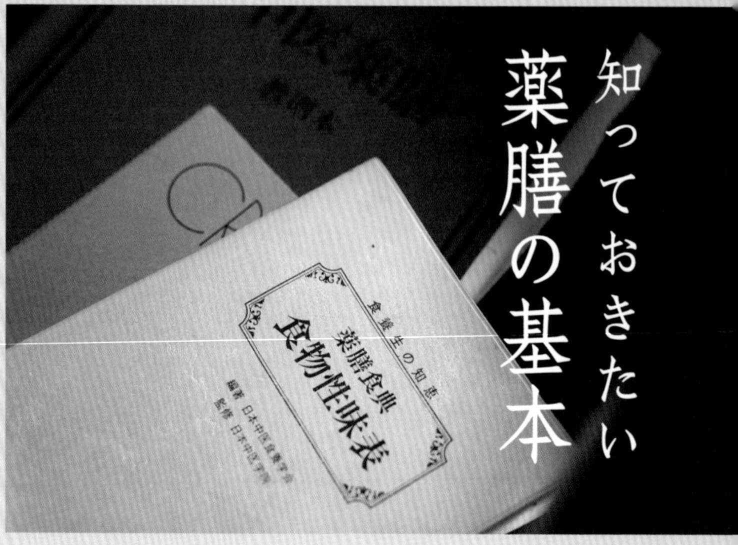

薬膳とは、中国の伝統医学の考えを基本に、
季節や体調に合わせて
食材を選んで作る料理のこと。
中国では、食材にも薬と同様に
体を整える効果があると考えられています。
薬膳を毎日の料理に上手に
取り入れるために知っておきたい、
最小限のキーワードについて解説します。

体を巡り、体を構成する 気・血・水

東洋医学では、人の体は「気」「血」「水」の3つの要素で構成されていると考えられています。これら3つが体内にバランスよく存在し、スムーズに巡っている状態が健康です。何かが不足していたり、流れが滞っていたりすると、体に不調があらわれます。

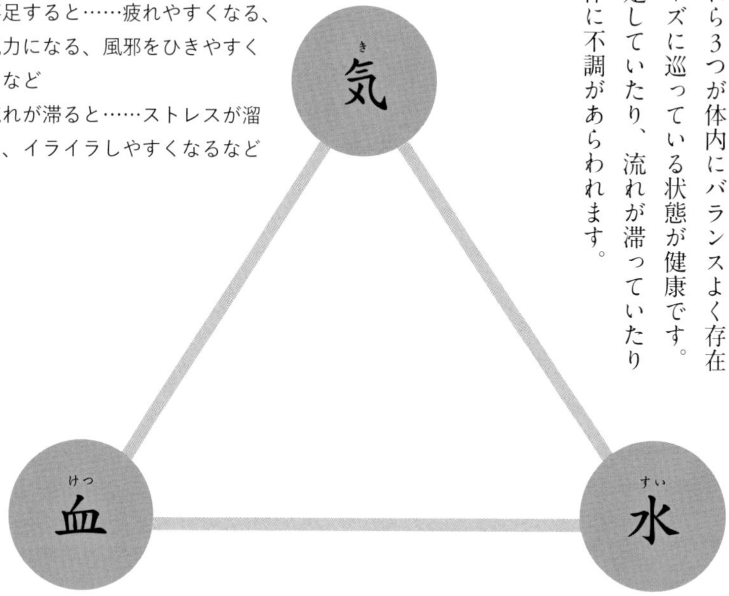

生きるために必要なエネルギー

●不足すると……疲れやすくなる、無気力になる、風邪をひきやすくなるなど
●流れが滞ると……ストレスが溜まる、イライラしやすくなるなど

血液を含む栄養を行き渡らせる赤い液体

●不足すると……貧血気味になる、顔色が悪くなる、精神不安定など
●流れが滞ると……冷え、生理痛、くすみやクマ、肩こりなど

血液以外の体の中の水分（唾液、汗、涙、リンパ液など）

●不足すると……肌や髪の乾燥、便秘など
●流れが滞ると……むくみやすくなる、ニキビなど

臓器を役割や働きで分けた
五臓

薬膳の考えには、体の働きや機能を「肝」、「心」、「脾」、「肺」、「腎」の5つに分類した「五臓」というものがあります。これらは、西洋医学でいう臓器のことではなく、たとえば、肝とは肝臓のことではありません。五臓それぞれに役割があるとされ、東洋医学独自の考えです。五臓が弱ると、心身に影響が出てきます。

肝《かん》
気を巡らせて自律神経を安定させる。血液の貯蔵、血量の調整。
●弱ると……自律神経が乱れてイライラしやすくなる、情緒不安定になる

心《しん》
血を全身に行き渡らせる。心拍数、精神や意識を安定させる。
●弱ると……血が巡りにくく、動悸や精神の乱れにつながる

脾《ひ》
消化吸収を担う。食べ物から気・血・水を作って肺や心に運ぶ。
●弱ると……食欲がなくなる、消化不良、気や血の不足の原因になる

肺《はい》
呼吸で空気を取り込み、気や血を全身に送る。皮膚の生成、水分代謝。
●弱ると……咳など呼吸器の不調、顔のむくみ、皮膚の乾燥

腎《じん》
成長や発育、生殖、ホルモン分泌、知能や運動系の発達などに関わる。
●弱ると……物忘れ、耳が遠くなる、骨の弱りなどの老化現象が出る、下半身のむくみ

食材の性質を5つに分類した
五性

食材には、体を温めるもの、冷やすもの、温めも冷やしもしないものがあります。その性質を東洋医学では、「寒性」「涼性」「平性」「温性」「熱性」と分類しています。寒い季節や冷え性の人は「熱性」や「温性」の食材で体を温めたり、暑い季節やのぼせ性の人は「寒性」や「涼性」の食材で余分な熱を取り除いたりと、季節や体調に合わせてバランスよく食べることが基本です。

冷やす ↑↓ 温める

寒性	たこ、かに、あさり、豆腐、なす、トマト、きゅうり、クレソン、すいか、たけのこ、牛乳、そばなど
涼性	ほうれん草、レタス、モロヘイヤ、セロリ、アスパラガス、菊花、ごぼう、しめじ、もやし、わかめ、アボカド、マーマレード、オレガノ、ごま油、小麦など
平性	豚肉、牛肉、レバー、まぐろ、かつお、いか、かき、ほたて、卵、さやいんげん、ピーマン、パプリカ、白菜、キャベツ、ブロッコリー、小松菜、春菊、豆苗、にんじん、ビーツ、エリンギ、マッシュルーム、きくらげ、ぶどう、ブルーベリー、レモン、りんご、梅、落花生、ココナッツオイルなど
温性	鶏肉、さけ、いわし、さば、えび、にら、かぶ、玉ねぎ、かぼちゃ、らっきょう、しょうが、まいたけ、ザーサイ、くるみ、松の実、パセリ、しそ、ローズマリー、バジル、ディル、コリアンダー、マスタード、酢、黒砂糖、酒粕、ジャスミンティーなど
熱性	にんにく、唐辛子、シナモン、黒こしょう、花椒など

松島由恵

まつしま・よしえ

料理家。国際中医薬膳師、JSA認定ソムリエ。岩手県盛岡市出身。海の幸、山の幸に囲まれて育つ。建築業界で長年勤務した後、フランス料理店勤務を経て「Dora The Food」開業。広告・雑誌などでのレシピ制作、スタイリング、ケータリングなど、幅広く活動中。なかでも、野菜たっぷりでスパイスのきいたお弁当が大人気。著書に『「いつものお弁当」がスパイスで大変身！ スパイス弁当』、『名脇役で、最高の主役 きのこ11種の100メニュー　きのこのレシピ帖』（ともにPARCO出版）がある。

Instagram @yoshie_matsushima

参考文献

『薬膳食典 食物性味表』
（日本中医食養学会）

『1日ひとつ、疲れが消える おいしい漢方365』
（世界文化社）

ブックデザイン／川添 藍
撮影／澤木央子
スタイリング／池水陽子
取材・文／矢澤純子
調理補助／佐藤真菜美
校正／安久都淳子
DTP制作／天龍社

エキゾチック薬膳

おいしくて楽しい。ごきげんな食養生

2023年11月20日　第1刷発行

著者　松島由恵
発行者　木下春雄
発行所　一般社団法人 家の光協会
〒162-8448
東京都新宿区市谷船河原町11
電話　03-3266-9029（販売）
03-3266-9028（編集）
振替　00150-1-4724
印刷・製本　図書印刷株式会社

ISBN978-4-259-56777-4 C0077